Para: ____________________

____

De: ____________________

____

Título original: *Ich schenk dir mein Herz*

Direção de arte: Trini Vergara • Ilustrações: Martina Schlossmacher
Desenho: María Natalia Martínez
Edição: Cristina Alemany • Colaboração editorial: Isabel Ferreira Lamas
Tradução: Adriana Toledo de Almeida

www.vreditoras.com.br

Rua Capital Federal, 263 • Bairro Sumaré
CEP: 01259-010 • São Paulo • SP • Brasil
Tel./Fax: (55-11) 4612-2866
editoras@vreditoras.com.br

ISBN 978-85-7683-067-2

Impresso na China • Printed in China

Schlossmacher, Martina
Meu coração é seu. Um livro para apaixonados
textos e ilustrações de Martina Schlossmacher;
[tradução para o português Adriana Toledo de Almeida].
Cotia, SP: Vergara & Riba Editoras, 2007. (Coleção clássica)
Título original: Ich schenk dir mein Herz

ISBN 978-85-7683-067-2

1. Amor 2. Literatura alemã 3. Máximas
I. Título. II. Série.
06-8780 CDD-830
Índices para catálogo sistemático:
1. Amor : Máximas : Literatura alemã
830

Meu coração é seu

UM LIVRO PARA APAIXONADOS

Textos e ilustrações
de Martina Schlossmacher

V&R EDITORAS

O amor é uma força que provém do céu...

e o Cupido me flechou.
Tenho um sentimento tão intenso
em todo o corpo
que posso abraçar o mundo inteiro,
tão grande é este amor
que sinto por você.

Cresceram asas no meu coração
e minha alma sorri de felicidade,
pois com você a Terra se transformou
em um paraíso.

Para você!

Um beijo vai viajar.
Voa com muito cuidado,
procura você...
e encontra.
Talvez você já saiba:
fui eu quem o enviei.

Imagine o mais doce que existe,
multiplique pelo infinito
e some esse resultado mil vezes.
Assim você terá uma ideia
do quanto significa para mim.

Pode haver mil corações
que lhe queiram,
mas só um
que vai amar você eternamente...

No jogo do amor...

confiaremos um no outro,
conversaremos sempre para que a nossa relação continue crescendo
e caminharemos juntos, mas livres,
para que perdure este maravilhoso laço que nos une.

Cada dia
que divido com você...

se transforma em um momento muito especial.
Pois você é uma pessoa única sobre a Terra,
cheia de surpresas,
alegre mesmo quando algo dá errado...
e sempre está comigo quando preciso de você.

Você é a minha maior felicidade!

Mensagens de amor

Há ocasiões em que não posso esperar
para me comunicar com você.
Por isso, encontrei novos caminhos
para lhe dizer o quanto você significa para mim:
cada vez que o seu celular tocar
e você olhar a caixa de mensagens,
vai encontrar uma mensagem minha.
Você vai guardá-la embaixo do travesseiro?

Aqui estão as nossas abreviaturas secretas
para as mensagens no celular:

t m a: todo o meu amor
t q m: te quero muito
s s f: sinto a sua falta
bj p v: beijos para você

O FENG SHUI enche todos os seus espaços de amor...

Lembra daquela
sensação, quando
nos encontramos pela primeira vez?
Foi naquele instante que nasceu
a força do nosso amor.

Li sobre
a energia do Feng Shui.
Às vezes, pode diminuir.
Agora sei que mudando
alguns móveis de lugar
ou pendurando algo na janela,
as coisas podem melhorar.

Sempre haverá flores em casa
para que a energia
do nosso amor flua constantemente.

YIN
YANG
RIQUEZA
AMOR
FAMÍLIA
CRIANÇAS
SABER
CARREIRA
AMIGOS

Eu lhe envio o meu anjo da guarda...

para quando eu não puder estar junto a você.
Ele vai proteger
e acompanhar você em todos os lugares.
Com ele, não há dúvida,
nada de mal vai lhe acontecer.

Ele vai trazer você de volta a salvo,
pois sabe verdadeiramente
tudo o que você significa para mim.

Eu te amo!

7 são as maravilhas do mundo,
6 os continentes,
5 pontas tem um pentágono,
4 folhas o trevo da sorte,
3 são os oceanos, 2 os olhos,
mas só há uma pessoa como você!

Se você me perguntasse o que amo mais,
se minha vida ou você,
não saberia o que responder,
já que você é a minha vida.

Quando estamos juntos,
a alegria me inunda.

Te amo!
Te quero!

Deixe-se encantar...

com a magia das minhas mensagens de amor,
que vão demonstrar o quanto eu lhe quero.
Muitas pequenas surpresas aguardam você.
Se você procurar embaixo do seu travesseiro
ou nos seus bolsos,
vai encontrar a minha mensagem:

estou pensando em você!

O amor é tudo...

por isso, passamos por cima de pequenos
erros como:
esquecer alguma data importante,
ler o jornal à mesa,
estragar algum cd favorito,
não chegar pontualmente no nosso encontro.
Nós nos perdoamos tudo.
Por isso, continuo acreditando que é maravilhoso
que você esteja aqui,
pois me demonstra que entre nós
há coisas muito mais importantes
que estes pequenos descuidos.

JORNAL DE LOVE CITY
NO CORAÇÃO HÁ SEMPRE LUGAR PARA O AMOR.

Bom dia, amor!

Sonho com uma maravilhosa
manhã juntos.
Enquanto você está dormindo,
preparo o café da manhã
e depois o levo à cama.
O aroma do café inunda todo o quarto
e desperta você lentamente.

Olhe o que eu preparei:

Café da manhã para apaixonados!

- Suco de laranja feito na hora
- Café com leite espumoso
- Deliciosos croissants com geleia de morango, tão vermelha quanto o amor...
- E um biscoitinho de manteiga em formato de coração.

Porque é amor
de verdade...

...quero amar você sem lhe impor limites,
valorizar você sem julgar,
homenagear você sem condições;
...quero lhe dar algo
sem esperar nada em troca,
me despedir de você
com a certeza de ter dito
o mais importante:
...quero estar com você
sem pretender mudar nada de você.

Sou feliz porque amo você COMO VOCÊ É.

Você sabia que...

cada dia que passo com você

é inesquecível?

Por isso, sonho que ainda vamos compartilhar

muitos outros momentos,

para que, com o passar do tempo,

possamos reviver lembranças encantadoras.

Lembranças

Para que você sempre pense em mim,
aqui há um espaço para a nossa foto preferida,
na qual estamos juntos,
e que é fiel testemunha
do nosso grande amor.

As flores são as metáforas românticas da natureza...

porque falam o idioma do coração.
Quando damos flores de presente,
cada uma tem uma mensagem de amor
que nos diz o que significamos um para o outro.

Rosas vermelhas: *Amo você acima de tudo e de todos!*

Anêmonas: *Estou feliz porque estarei com você!*

Margaridas: *Graças a você, o mundo é belo!*

Cravos: *Sinto a sua falta!*

Dálias: *Sem o seu amor, o mundo não é nada!*

Miosótis: *Pense em mim!*

Vão chover rosas vermelhas para você

Para demonstrar meu carinho de um modo muito especial,
preparei uma surpresa, doce como o mel:

Rosas confeitadas

Bata duas claras de ovo
e pinte as rosas com as claras.
Depois, jogue açúcar sobre as flores
e tire, com cuidado, o açúcar que sobrar.
Coloque as flores sobre uma placa
até que fiquem tão duras como o cristal.

Jantar para dois

Quero ver você feliz, e
sob a luz de velas,
escutar uma melodia romântica.
Quero que você goste da mesa
que preparei para você
e olhar os seus olhos brilhantes
enquanto confesso
os segredos do meu amor por você.

Jantar
para
2

Com a magia do amor

Vamos acender uma vela vermelha todas as noites
até a próxima lua cheia.
Vamos passar essência de rosas na vela,
pouco antes de dormir.

Nosso desejo maior
vai se tornar realidade:
vamos estar juntos por toda a eternidade.

Com você vale a pena viver a vida porque...

...quando você me visita de surpresa
sinto uma emoção por todo o corpo;
...é lindo abraçar você
depois de uma pequena briga;
...é muito especial poder chorar juntos
de alegria;
...é sublime ser como um livro guardado a sete cadeados
e dar só a você a chave para abri-los.

Desejo...

que a gente continue compartilhando juntos
muitos momentos felizes,
que possamos conversar sempre
sobre o que está acontecendo,
que todos os seus sonhos se tornem realidade...
e, de todo o coração, que eu possa fazer você feliz.

Desejo que a gente possa rir e chorar juntos e...

que o nosso amor seja para sempre!

Sua opinião é muito importante!

Mande um e-mail para **opiniao@vreditoras.com.br**
com o título deste livro no campo "Assunto".

www.vreditoras.com.br